Norbert von Frankenstein

Kleines FISCH-KOCHBUCH

Trotz gewissenhafter Bearbeitung kann eine Haftung für den Inhalt nicht übernommen werden. Für aktuelle Ergänzungen und Anregungen ist der Verlag jederzeit dankbar. Wir bedanken uns bei allen, die uns unterstützt haben.

Impressum

Gerichtsweg 28, 04103 Leipzig
Tel.: 0341 / 493574-0, Fax: 0341 / 493574-40
www.buchverlag-fuer-die-frau.de

Einband, Gestaltung und Satz: Michael Puschendorf
Titelfoto: Fischröllchen (Rezept Seite 85)
Foto Seite 2: Dorade (Rezept Seite 92)
Bildnachweis: Seite 123
Druck: Druckhaus Gera
Bindearbeiten: Müller Buchbinderei GmbH, Leipzig
Printed in Germany

4. Auflage 2023
ISBN 978-3-89798-325-0

Inhaltsverzeichnis

Fangfrisch auf den Tisch

Wer Fisch isst, trifft eine gute Wahl. Die Deutsche Gesellschaft für Ernährung in Bonn empfiehlt ein- bis zweimal in der Woche Fisch zu essen, einmal davon Meeresfisch. Denn eine Fischmahlzeit schmeckt nicht nur gut, gleich ob der Fisch gekocht, geschmort, gegrillt, gebraten, gebacken, geräuchert oder nur leicht gedünstet wurde. Das in Fischfleisch enthaltene Eiweiß, die Vitamine, die Mineralstoffe und die cholesterinsenkenden Fettsäuren sind ideal für unsere

Ernährung. Ein weiterer Vorteil ist die leichte Verdaulichkeit, die den Magen kaum belastet. Und die erstaunliche Nährstoffdichte bringt sogar unsere grauen Zellen in Hochform.

Mit den erprobten Rezepten dieses Büchleins lassen sich Seefisch, Meeresfrüchte und heimische Fischarten verführerisch zubereiten, zugleich sollen sie Anregung bieten für eigene Kreationen.

Hygiene und Sauberkeit sind bei der Zubereitung aller Speisen selbstverständlich. Deshalb wird bei allen Rezepten immer von einem gewaschenen, geputzten, also küchenfertigen Zustand aller

Zutaten ausgegangen und natürlich, dass sie frisch sind.

Beachten Sie beim Fischkauf folgende Merkmale eines *ganzen frischen Fisches:* kein unangenehmer Geruch, glänzende, pralle Haut, Schuppen fest anliegend, klare, leicht hervorstehende Augen, feuchte, kräftig rote bis rosa Kiemen. Verdorbenen Fisch erkennt man an leicht ablösbaren Schuppen, glasigmatten Augen, angetrockneten Flossen und Schwanz und unangenehmem Geruch.

Frisches Fischfilet sollte glänzen, eine klare Farbe und eine glatte Schnittfläche besitzen. Es riecht ebenfalls nicht unangenehm.

Bei Angaben von Pfeffer als Gewürz wurde auf den Hinweis ‚frisch aus der Mühle' verzichtet. Nur frisch gemahlen entwickelt dieses unentbehrliche Gewürz sein volles Aroma. Schwarzer Pfeffer ist übrigens ‚schärfer' als weißer.

Sofern nicht anders angegeben, beziehen sich alle Rezepte auf 4 Portionen. Und nun Petri heil und guten Appetit beim Ausprobieren!

Klein, aber oho!
Der Hering

Kein anderer Fisch war für die Menschen wirtschaftlich und politisch von so großer Bedeutung wie der Hering. Im Mittelalter bewahrte er die Menschen oft vor Hungersnöten. Später gelangten als erste die Dänen zu Reichtum durch die Heringsfischerei. Auch der Aufstieg der deutschen Hanse war eng mit dem Hering verbunden. Für seine Konservierung war Salz unentbehrlich. Durch den Anschluss der Salzstadt Lüneburg kam auch das Salz in hanseatische Hände. Die damalige

Handelsmacht der Hanse ließ die norddeutschen Städte erblühen. Ohne den unscheinbaren Hering wäre das nie möglich gewesen. Demzufolge müssten eigentlich alle Hansestädte den Hering im Wappen führen.

Grüne Heringe

Wenn sie auch als ‚grün' bezeichnet werden, was sie ja farblich nicht sind, ist unter dem Begriff der rohe, naturbelassene Fisch zu verstehen. Es handelt sich dabei sozusagen um den ‚Ur-Hering', aus dem alle anderen Heringsprodukte entstehen. Gleich ob Matjes, Bückling oder Salzhering. Beim Kauf sollte auf die Kiemenfarbe, die rosa bis hellrot sein muss, geachtet werden. Sind die Kiemen dunkelrot, lassen Sie den Fisch gleich beim ‚Heringsbändiger' dem Fischverkäufer, denn er ist alt. Zu den bekanntesten Zubereitungsarten gehört der gebratene Hering, der auch, in einem Sud eingelegt, gern gegessen wird.

Vor dem Verzehr muss der Hering ausgenommen und geköpft werden. Dass er gereinigt und gewaschen wird, ist selbstverständlich. Soll der Hering gebraten werden, muss er immer trocken getupft werden, bevor er in die Pfanne kommt, damit es durch verdunstetes Wasser keine heftigen Spritzer gibt. Gleich in welcher Zubereitungsart, ob gebraten oder gebacken, ja, sogar gekocht, der grüne Hering ist ein Klassiker, der auch Genießer mit seinem feinen Aroma begeistert.

Saure Bratheringe

je ½ Bund Petersilie, Dill und Salbei, 4 grüne Heringe, 2 Knoblauchzehen, 4 Nelken, 1 EL Mehl, 3 EL Butter, 1 Zwiebel, 1 Möhre, 1 TL Zitronensaft, 125 ml Weißweinessig, 4 EL Zucker, ½ TL weißer Pfeffer, Salz, 1 EL mittelscharfer Senf, 1 EL Senfkörner, 1 Lorbeerblatt

Die küchenfertigen Heringe mit den fein gehackten Kräutern, halbierten Knoblauchzehen und Nelken füllen. Mit etwas Mehl bestäuben. Die Heringe in der heißen Butter in ca. 5 Minuten je Seite braun braten. Aus dem Zitronensaft, dem Essig, Zucker, Pfeffer, Salz, dem Senf, den Senfkörnern und dem zerbröselten Lorbeerblatt in einer Schüssel eine Marinade rühren. Dünne Zwiebel- und Möhrenscheiben über die Heringe in der Schüssel streuen. Die Marinade darübergießen. Vor dem Verzehr etwa 12 Stunden durchziehen lassen. Dazu schmecken Petersilien- oder Bratkartoffeln.

Gebratene Würzheringe

8 grüne Heringe, jodiertes Salz, schwarzer Pfeffer, 2 EL Mehl, 3 EL Butterschmalz, ¼ l Kräuteressig, 4 Zwiebeln, 1 Chilischote, 2 Lorbeerblätter, 1 Msp. Wacholderbeeren, 2 Gewürznelken, 1 EL Senfkörner, 2 EL Zucker

Die küchenfertigen Heringe innen und außen salzen und pfeffern, dann in dem Mehl wenden. Das Butterschmalz in einer Pfanne erhitzen und die Heringe darin je Seite 4–5 Minuten goldbraun braten.

Aus der Pfanne nehmen und abtropfen lassen. Dann in eine

Schüssel legen. Aus dem Essig, 250 ml Wasser und den in Scheiben geschnittenen Zwiebeln sowie den Gewürzen einen Sud kochen. Diesen abkühlen lassen. Danach über die Heringe geben. 2–3 Tage kühlgestellt durchziehen lassen. Mit Bratkartoffeln und frischem Salat servieren.

Auch wenn die Fischer schlafen, gehen die Fische ins Netz.
(VOLKSMUND)

Gebratene grüne Heringe

8 grüne Heringe, 2 EL Mehl, jodiertes Salz, weißer Pfeffer, 4 EL Butterschmalz, 4 Zitronenscheiben

Die küchenfertigen Heringe mit dem Mehl bestäuben und mit Salz und Pfeffer bestreuen. Das Butterschmalz in einer Pfanne erhitzen. Die Heringe darin je Seite 3–4 Minuten braten. Mit den Zitronenscheiben belegt servieren.

Die Heringe, in großen Schwärmen (bis zu 150 Kilometer lang), kommen hin und wieder bis in die Nähe der Nordseestrände. So wurden zum Beispiel in dem Kurbad Büsum in den Jahren 1917 und 1936 ‚jede Menge' Heringe direkt vom Strand aus gefischt. Die Fischberge waren so gewaltig, dass die Fischer Mühe hatten, den Fang überhaupt zu verarbeiten.
Der Fischreichtum ist auf die große Fruchtbarkeit der kleinen Fische zurückzuführen. Ein weiblicher Hering legt immerhin bis zu 70 000 Eier.

Senfheringe

4 große grüne Heringe, jodiertes Salz, 3 TL Dijon-Senf,
1 TL Koriander, Zucker,
200 g Bacon, 3 EL Butterschmalz,
3 EL Butter, 1 TL abgeriebene Zitronenschale,
2 EL gehackte Petersilie

Die küchenfertigen Heringe an der Mittelgräte auseinanderbrechen. Die Heringe auf der Innenseite mit etwas Salz bestreuen, mit Senf bestreichen und mit Koriander und etwas Zucker würzen. Wieder zusammenklappen und mit Baconscheiben umwickeln. Das Butterschmalz in einer Pfanne erhitzen. Die Heringe bei ca. 175 °C je Seite etwa 4–5 Minuten braten. Danach auf einer vorgewärmten Platte anrichten. Das Bratfett abgießen und die Butter in der Pfanne schmelzen lassen. Die Heringe damit übergießen, mit Zitronenschale und Petersilie bestreut zu jungen Kartoffeln servieren.

Feines Heringsragout

8 grüne Heringe, Salz,
300 g gegarte Pellkartoffeln,
7 EL Butter, 2 Zwiebeln,
200 ml trockener Weißwein,
120 g süße Sahne,
120 g Nordsee-Krabbenfleisch,
1 Eigelb, 80 g Crème fraîche,
weißer Pfeffer

Die küchenfertigen Heringe in grobe Stücke schneiden und leicht salzen. Die Kartoffeln pellen und in Scheiben schneiden. Die Butter in einer Pfanne leicht erhitzen und die Zwiebelwürfel darin glasig dünsten. Die Heringsstücke dazugeben, leicht anbräunen und die Sahne einrühren. Etwa 5 Minuten bei geringer Hitze ziehen lassen. Das Krabbenfleisch dazugeben. Das Eigelb mit der Crème fraîche verrühren und mit in die Pfanne geben, nicht mehr kochen lassen. Mit Salz und Pfeffer abschmecken. Dazu ein frischer Salat der Saison.

Matjes

Dass der Matjes ein ‚jungfräulicher' Hering ist, muss, richtig betrachtet, bestritten werden. Es ist nicht so, dass ganze Schwärme durch die Meere ziehen, alle mit einem abgelegten ‚Zölibats-Gelübde'. Vielmehr wird der Matjes aus den Heringen gewonnen, die saisonbedingt in Vorbereitung auf die Laichzeit richtig ‚Speck' angefuttert haben.

Neuer Matjes ist von Natur aus salzarm. Deshalb braucht er auch nicht, entgegen landläufiger Gewohnheit, gewässert zu werden. Das delikate zarte Fleisch würde im wahrsten Sinne des Wortes nur ‚verwässert'. Wer den Salzgehalt etwas absenken möchte oder muss, kann Matjes für etwa 30 Minuten in Buttermilch einlegen. Serviert werden die zarten Filets mit der silbrigen Hautseite nach oben.

Der zarte Matjes lässt sich auf vielerlei Arten zubereiten. Besonders köstlich ist der gerade angelandete und gereifte Matjes ‚aus der Hand', nur mit dünnen Zwiebelscheiben belegt und von einem abschließenden ‚Klaren' auf den richtigen Weg gebracht.

Entdecken Sie Ihr Lieblingsrezept beim Ausprobieren der folgenden Matjesköstlichkeiten.

Feine Matjesplatte

(Für 6 Portionen)

12 Matjes,
6 Frühlingszwiebeln,
4 Gewürzgurken,
200 g eingelegte Rote Bete,
1 Bund Petersilie

Die küchenfertigen Matjesfilets trockentupfen. Frühlingszwiebeln in feine Ringe schneiden. Die Gewürzgurken und die Rote Bete abtropfen lassen, dann fein würfeln. Die Petersilie hacken. Alles getrennt in kleine Schalen geben.

Eine Platte mit grob zerstoßenem Eis belegen, die Matjesfilets darauf anrichten, die Schüsseln

an den Rand der Platte stellen. Vollkornbrot und Butter dazu reichen.

TIPP: Ist kein Eis vorhanden, können die möglichst kühlen Filets auch auf Salatblättern angerichtet werden.

Frische Matjes sind ideale Begleiter einer geselligen Runde, weil sich der köstliche Imbiss schnell zubereiten lässt. Ist die Gruppe größer, kann durch Erhöhung der Zutatenmenge jede gewünschte Gästezahl verwöhnt werden.

Matjesfilets mit grünen Bohnen

1 kg grüne Bohnen,
1 Bund Bohnenkraut, 4 Zwiebeln,
125 g Räucherspeck,
1 EL Butter, jodiertes Salz,
weißer Pfeffer,
4 EL gehackte Petersilie,
8 Matjesfilets

Die Bohnen brechen und in wenig Salzwasser mit dem Bohnenkraut etwa 20 Minuten kochen lassen. Zwei Zwiebeln und den Speck würfeln und in der Butter glasig dünsten. Die Bohnen mit Salz und Pfeffer würzen, dann in der Speck-Butter-Mischung schwenken. Mit der gehackten Petersilie bestreuen.

Die restlichen Zwiebeln in Ringe schneiden und über die Matjesfilets verteilen. Dazu Salzkartoffeln servieren.

Matjes mit grünen Bohnen ist ein Rezept-Klassiker, der seine Entstehung der Tatsache verdankt, dass die ersten Bohnen – frisches Gemüse war früher rar – gerade reif waren, wenn der Matjes angelandet wurde.

Matjeshäckerle

8 Matjesfilets,
1 Apfel, in Würfeln mit 1 TL Zitronensaft gemischt,
250 g Räucherspeck,
2 Zwiebeln, 2 hartgekochte Eier,
200 g süße Sahne,
1 TL mittelscharfer Senf,
4 EL gehackte Petersilie

Alle Zutaten bis auf ein Ei würfeln. Alles mit Sahne und Senf vermischen. Das zweite Ei in Scheiben schneiden. Das Häckerle auf einer Platte anrichten, mit den Eischeiben garnieren und mit Petersilie einen Kranz darum streuen. Dazu schmecken Bratkartoffeln.

Der Seeräuber Klaus Störtebeker soll, laut Überlieferung, eine Heringsstiftung begründet haben: die sogenannte Lätare-Spende. In der Stadt Verden werden noch heute am Montag nach Lätare Heringe und Brot an die Armen der Stadt verteilt. Eine noble Geste des Mannes, den seine Vorliebe für hanseatische Heringe und einige andere Dinge, letztlich ‚kopflos' machte. Auch wenn das alles geschichtlich nicht belegt ist, dem Image der Stadt tut's heute noch gut, und die Heringe, ja die mag noch immer fast jeder.

Matjes-Schlemmerkartoffeln

4 große mehlig kochende Kartoffeln, 8 Matjesfilets, 2 Gewürzgurken, 1 grüne Paprikaschote, 1 Zwiebel, schwarzer Pfeffer, 200 g Kräuterquark, 4 EL Mineralwasser, 1 Bd. Dill

Kartoffeln einzeln fest in Alufolie wickeln. Im Backofen etwa 60 Minuten bei 200 °C backen. Matjes, Gurken, Paprikaschote und Zwiebel würfeln. Alles gut verrühren, pfeffern. Quark mit Mineralwasser und fein gehacktem Dill verrühren. Die Backkartoffeln kreuzweise einkerben, etwas auseinanderdrücken und mit Matjessalat füllen.

Matjestatar auf Röstis

2 Zwiebeln, 1 EL Kapern,
1 Bd. Petersilie, 1 Gewürzgurke,
8 Matjesfilets, weißer Pfeffer,
2 cl Aquavit, 8 Röstis (TK),
1 EL Butterschmalz

Zwiebeln, Kapern und Petersilie fein hacken. Die Gewürzgurke und die Matjesfilets fein würfeln. Mit den Zwiebel- und Kapernwürfeln sowie der Petersilie mischen, dann alles nochmals hacken. Das Tatar mit etwas Pfeffer und Aquavit abschmecken. Die Röstis in Butterschmalz braten. Tatar darauf anrichten. Dazu passt ein frischer Salat.

Matjes mit Apfel-Sahne

je 200 g süße und saure Sahne, Salz, 4 säuerliche Äpfel, 8 Matjes, 8 Salatblätter, 4 Schalotten, 1 Bd. Dill, schwarzer Pfeffer

Süße Sahne unter Zugabe von 1 Msp. Salz steif schlagen. Saure Sahne portionsweise unterziehen. Die Apfelwürfel unter die Sahne heben. Die gut gekühlten Matjesfilets auf den Salatblättern anrichten. Mit Schalottenringen belegen und einer Sahnehaube bedecken. Mit etwas grobem schwarzen Pfeffer und Dill bestreut zu Buttertoast servieren.

Hamburger Labskaus

500 g Rinderpökelfleisch,
2 Matjes, 30 g Schweinemett,
2 Zwiebeln,
500 g gekochte Salzkartoffeln,
150 g Rote Bete,
1 große Gewürzgurke,
Salz, schwarzer Pfeffer

Pökelfleisch gar kochen. Dann das Fleisch, die Matjes und die Zwiebeln sehr fein würfeln. Die Zwiebelwürfel mit dem Mett in einer Pfanne anbraten. Mit Fleisch- und Fischwürfeln unter die zu Mus gestampften Kartoffeln mischen. Rote Bete und Gewürzgurken würfeln und unter die Kartoffelmasse heben.

Alles mit Salz und Pfeffer abschmecken. Dazu pro Person ein Spiegelei servieren.

Richtig zubereitet ist Labskaus ausgesprochen lecker. Klassisch wird das Gericht aus Kartoffeln, Salz- oder Pökelfleisch, Stockfisch, Gurken, Rote Bete, Karotten, Pfeffer und Salz zubereitet. Wenn der Stockfisch durch zarte Matjes (oder Salzheringe) ersetzt wird, erhält die einstmalige Notspeise eine besonders delikate Note.

Matjescreme

1 kleine Zwiebel, 1 kleiner Apfel,
200 g Matjesfilets, 1 Gewürzgurke,
200 g Sahnequark, 2 EL Milch,
2–3 TL Quarkkräuter, gefriergetrocknet,
¼ TL Pfeffer, schwarz, Salz,
½ TL Paprika, edelsüß,
250 g Pumpernickeltaler

Zwiebel abziehen, Apfel waschen, vierteln, Kerngehäuse entfernen, beides mit Matjes und Gurke fein würfeln. Mit Quark, Milch und Kräutern verrühren, mit Gewürzen abschmecken, auf Brottaler streichen und servieren. Mit Quarkkräutern bestreuen und mit Gurkenscheiben garnieren.

Zwei deutsche Städte können für sich das Prädikat ‚Matjesstadt' in Anspruch nehmen: Emden in Ostfriesland und Glückstadt an der Elbe. In Emden produzieren noch immer zwei uralt-eingesessene Betriebe Salzheringe und Matjes nach überlieferten Rezepten. In Glückstadt hingegen, wird in jedem Jahr eine ‚Matjeswoche' abgehalten, wenn die ersten fangfrischen Matjes angelandet sind. Dann hat ‚König Matjes' das Sagen in der Stadt. Alles dreht sich um die edlen Filets, die auch in allen Gaststätten in unzähligen Variationen angeboten werden.

Salzheringe

Die Zeiten, in denen die gefangenen Heringe gleich an Bord der Fangschiffe in Salz eingelegt wurden, sind lange vorbei. Heute werden sie, meist angefrostet, angelandet, gekehlt und in milde Salzlake eingelegt. Im Laufe der Zeit hat sich das milde Salzen durchgesetzt. Dadurch müssen die Heringe nicht mehr so lange wie früher gewässert werden. Unter der Bezeichnung ‚Tafelmilde Heringe' sind sogar Salzheringe im Handel, die gar nicht mehr gewässert werden müssen. Zum Salzen wird nur normales Kochsalz verwendet, außer bei den

Produkten, die unter der Sammelbezeichnung ‚nordische Art' im Handel sind. Diesen Heringen wurde auch noch Zucker zugegeben, was der natürlichen Reifung entgegenkommt. Wir Deutschen sind ‚Weltmeister' im Verzehr von Salzheringen. Immerhin werden bei uns zwischen 80- und 90000 Tonnen im Jahr verzehrt. Je nach Salzungsgrad sollten die Salzheringe vor dem Verzehr gewässert werden. Dazu werden sie entweder in Leitungswasser, in Mineralwasser, Buttermilch oder Vollmilch eingelegt.

Mecklenburger Salzheringe

4 Salzheringe, 3 EL Sahnequark,
100 ml Buttermilch,
1 Zwiebel, 2 EL Weißweinessig,
1 Msp. getrockneter Thymian,
1 Msp. gemahlene Muskatnuss,
weißer Pfeffer, Zucker,
1 EL gehackte Petersilie

Von den Salzheringen die Haut abziehen. Dann vorsichtig filetieren. Die Filets etwa 12 Stunden in Wasser einlegen, das Wasser einmal wechseln. Danach gut abtropfen lassen. Den Quark mit der Buttermilch, der geriebenen Zwiebel und dem Essig verrühren. Mit dem Thymian, etwas Zucker, Muskatnuss und etwas Pfeffer würzen. Den Quark über die Filets gießen. Mit der Petersilie bestreut zu Pellkartoffeln und Salat der Saison servieren.

Rostocker Heringshappen

4 Salzheringe, 1 säuerlicher Apfel, 1 Gewürzgurke, 1 Zwiebel, 4 EL Salatmayonnaise, 200 g saure Sahne, 1 EL geriebener Meerrettich, 1 EL Zitronensaft, weißer Pfeffer

Die küchenfertigen Heringe in mundgerechte Stücke schneiden. Den Apfel schälen, das Kerngehäuse entfernen, dann fein hacken. Die Gurke und die Zwiebel würfeln. Die Mayonnaise

mit der Sahne, dem Meerrettich, dem Zitronensaft und etwas Pfeffer abschmecken. Die Heringshappen, die Apfelstücke, die Gurken- und Zwiebelwürfel mit der Sauce gut vermischen und gekühlt servieren. Als Beilage kerniges Landbrot oder Pellkartoffeln.

Besser einen Heringskopf
als gar nichts.
(VOLKSMUND)

Sherry-Hering

4 Salzheringe, 2 EL Olivenöl,
3 EL passierte Tomaten,
1 EL Zucker,
5 EL trockener Sherry,
1 TL grüner Pfeffer,
1 große Zwiebel

Die küchenfertigen Heringe schräg in Stücke schneiden und in eine Schüssel geben. Öl mit Tomatenpüree verrühren. In Sherry aufgelösten Zucker dazugeben, alles gut vermischen. Mit grünem Pfeffer abschmecken. Etwa 24 Stunden kühl gestellt ziehen lassen. Mit dünn geschnittenen Zwiebelringen belegen. Lecker zu Schwarzbrot mit Butter.

Roter Heringssalat

4 Salzheringe,
500 g gegarte Pellkartoffeln,
100 g eingelegte Rote Bete,
1 Gewürzgurke,
125 g gekochter Schinken,
1 Zwiebel, 2 EL gehackte Walnusskerne, 4 EL Rotweinessig,
½ TL mittelscharfer Senf,
5 EL Sonnenblumenöl,
weißer Pfeffer,
100 ml Fleischbrühe

Küchenfertige Heringe würfeln. Kartoffeln pellen und mit Rote Bete, Gewürzgurke und Schinken in kleine Würfel schneiden. Zwiebelwürfel mit den Nüssen unter die Heringsstücke mischen. Aus Essig, Senf, Öl, Pfeffer und Brühe eine Marinade rühren. Diese über die Salatzutaten in eine Schüssel geben und alles gut vermischen. Den Salat kühl gestellt etwa 1 Stunde ziehen lassen.

Ein Angler fällt in den See,
er schreit um Hilfe.
„Sind Sie reingefallen?",
erkundigt sich
ein Vorbeikommender.
„Ach was, ich wohne hier."

Rollmöpse

6 Salzheringe, 1 EL Kapern,
4 Zwiebeln, 2 Gewürzgurken,
1 EL mittelscharfer Senf
Marinade:
400 ml Kräuteressig, 2 EL Zucker,
10 schwarze Pfefferkörner,
1 Lorbeerblatt, 6 Wacholderbeeren, 2 Gewürznelken,
1 TL Senfkörner

Heringe wässern, ausnehmen und sorgfältig filetieren. Die Gurken der Länge nach vierteln, dann auf Filetbreite zuschneiden. Jedes Filet dünn mit etwas Senf bestreichen, mit gehackten Kapern bestreuen, mit einigen Zwiebelringen und einem Stück

Gurke belegen. Die Filets aufrollen und mit Holzspießchen feststecken. Die Röllchen mit den restlichen Zwiebelringen in ein großes Glas schichten. Den Essig mit ¼ l Wasser und den Gewürzen aufkochen, den Sud abkühlen lassen und über die Röllchen gießen. Das Glas verschließen und die Rollmöpse mindestens 4 Tage ziehen lassen.

TIPP: Ist eine größere Runde angesagt, können die Zutaten verdoppelt oder verdreifacht werden, denn ‚Abnehmer' finden sich allemal.

Allgemein galt der Hering in früheren Zeiten, wahrscheinlich aufgrund der angelandeten Mengen und der niedrigen Preise, als ‚Arme-Leute-Essen'. Er wurde auch als Brot oder Kartoffel der Armen angesehen. Damals nannte man die Kaufleute, die Salzheringe direkt aus großen hölzernen Tonnen verkauften, „Heringsbändiger". Den Hering selber bezeichneten manche als ‚Schusterforelle' oder ‚Schneiderkarpfen'.

Bücklinge

Bücklinge sind goldgelb geräucherte grüne Heringe, die bis zu 12 Stunden in einer Salzlake gezogen haben. Danach lässt man sie leicht abtropfen und antrocknen, bevor sie im Räucherofen in etwa 90 Minuten zu dem werden, was sie so beliebt macht, den herrlich duftenden Räucherfischen. Um an das Beste zu gelangen, muss die Haut abgezogen und das Fleisch filetiert werden. Übrigens, noch ofenwarm schmeckt der Bückling besonders gut. Auch ‚gefüllt', also mit Rogen oder Milch, oder gänzlich ohne, nur als Filet.

Apfel-Bückling-Salat

100 ml Apfelessig, 50 g brauner Zucker, 2 Gewürznelken, 1 Lorbeerblatt, ½ TL gemahlener Piment, 1 Stange Sellerie, 4 Frühlingszwiebeln, 150 g Möhren, 4 Bücklinge, je 1 grünschaliger und 1 rotschaliger Apfel

Essig mit 100 ml Wasser, Zucker und Gewürzen aufkochen, dann erkalten lassen. Durch ein Sieb in eine Schüssel gießen. Sellerie, Frühlingszwiebeln und die Möhren in feine Stücke schneiden. Die Bücklinge enthäuten, filetieren und in mundgerechte Stücke zerzupfen. Diese mit dem Gemüse vermischen. Mit der Marinade übergießen. Etwa 1 Stunde ziehen lassen. Die Äpfel entkernen und in dünne Spalten schneiden. Den Salat damit garnieren. Als Beilage frisches Bauernbrot.

Heringe, die beim Angeln vom Haken abfallen und nach denen man sich bücken muss, werden von Insidern auch „Bücklinge" genannt.

Kieler Bücklingstatar

8 Bücklingsfilets, 4 Essiggurken,
2 grüne Paprikaschoten,
4 säuerliche Äpfel,
2 EL Zitronensaft, 4 Eigelb,
1 TL Worcestershiresauce,
2 EL trockener Sherry,
weißer Pfeffer

Die Filets, die Gurken und die Paprikaschoten fein würfeln. Mit dem Zitronensaft beträufeln und portionsweise auf Tellern anrichten. Auf das Bücklingstartar je 1 Eigelb setzen. Die Worcestersauce mit dem Sherry und Pfeffer vermengen, die Sauce über das Tatar träufeln. Passt zu Buttertoast oder Schwarzbrot.

Bereits um 1400 wird der beliebte Räucherhering als Kieler Bückling erwähnt. Um die Herkunft des Bücklings herrscht unter Fachleuten Streit. Voll Elan entschied der Schriftsteller Hans Reimann in seinem ‚Vergnüglichen Handbuch der deutschen Sprache' so: „Der geräucherte Hering gilt in Sachsen als Pökling. Hat jedoch Pökeln nicht nötig, das dem Schweinefleisch angetan wird. Die einen behaupten, der Holländer James Bückling habe das Verfahren eingeführt; die anderen schwören auf Willem Bökel, der strenggenommen Benkelsz hieß und zu Biervliet im seeländischen Flandern 1397 ins Gras biß …"

Bückling mit Rührei

4 Bücklinge, 6 Eier,
4 Tomaten, 100 ml Vollmilch,
Salz, weißer Pfeffer,
2 EL Mineralwasser mit Kohlensäure,
2 EL gehackter Schnittlauch,
3 EL Butter

Die Bücklinge enthäuten, filetieren und mit einer Gabel in grobe Stücke zerpflücken. Eier mit Milch, etwas Salz und Pfeffer sowie Mineralwasser verquirlen. Den Schnittlauch darunterrühren. Die Butter in einer Pfanne erhitzen. Eimasse hineingeben und leicht stocken lassen. Dann sofort Tomatenachtel und

Bücklingsstücke einstreuen und das Rührei fertig stocken lassen. Dazu Bratkartoffeln und Salat der Saison.

Bücklings-Käsepfannkuchen

8 Bücklingsfilets, 3 Eier,
½ l Vollmilch, Salz,
weißer Pfeffer, 250 g Mehl,
100 g geriebener Emmentaler,
3 EL Butterschmalz

Bücklinge enthäuten und filetieren. Eier mit Milch, etwas Salz und Pfeffer verquirlen. Mehl und Käse mit dem Schneebesen unterrühren. Etwa 10 Minuten aufquellen lassen. Das Fett in einer Pfanne erhitzen. Die Hälfte der Pfannkuchenmasse hineingeben und die Bücklingsfilets darauf legen, stocken lassen. Dann den Pfannkuchen auf einen großen Teller gleiten lassen. Restliche Pfannkuchenmasse in die Pfanne geben und den bereits fertigen Pfannkuchen mit der Bücklingsseite nach unten auf die noch weiche Pfannkuchenmasse geben. Fertig braten und heiß servieren.

Der Fisch will dreimal schwimmen: in Wasser, Schmalz und Wein.
(VOLKSMUND)

Bücklings-Toast

4 Scheiben Mehrkorn-Toastbrot, 4 EL Butter, 8 Bücklingsfilets, 100 g Roquefort, 4 Radieschen

Die Brotscheiben mit Butter bestreichen. Die Filets darauf verteilen. Den Roquefort mit einer Gabel zerdrücken, die weiche Butter unterrühren und die Käsemasse über die Filets verteilen. Die Toastscheiben im vorgeheizten Backofen 5–8 Minuten bei 200 °C überbacken, bis der Käse geschmolzen ist. Mit Radieschenscheiben belegt heiß servieren.

Noch mehr Fisch aus dem Meer

Einer der beliebtesten Speisefische ist der Lachs. Sein orangerosa bis dunkelrotes Fleisch ist reich an Omega-3-Fettsäuren. Er kann roh, gekocht, gebraten und geräuchert verzehrt werden. Lachse sind sogenannte Wanderfische, sie verbringen ihre „Kindheit" in Flüssen und wandern als Jungfische ins Meer, um später zum Laichen wieder flussaufwärts zu wandern. Im hiesigen Süßwasser wäre ein Lachsfang eine Seltenheit, norwegische Lachsflüsse versprechen eher Angler-Glück.

Von Dezember bis April bietet der Handel frische oder tiefgekühlte Schollen, im Ganzen oder als Filet an. Besonders begehrt sind aber Mai-Schollen, weil ihr helles, saftiges und fettarmes Fleisch besonders fest ist. Ein weiterer Vorteil des wohlschmeckenden Fisches: das Fleisch ist grätenfrei.

Ganzjährig im Handel ist Rotbarsch. Sein zartrosa Fleisch ist saftig, fest und von herzhaftem Aroma. Allerdings sollte man wegen seiner harten Schuppen und Flossenstacheln entweder gleich Filets kaufen oder einen ganzen Fisch vom Händler ausnehmen und schuppen lassen. Ähnliche

Eigenschaften weist das Fleisch von Kabeljau (Dorsch) und Seelachs auf. Letzteren bitte nicht mit dem echten Lachs verwechseln! Der ganzjährig frisch oder tiefgekühlt angebotene preiswerte Seelachs hat festes, mageres würziges Fleisch, dessen leicht graue Farbe beim Garen verschwindet.

Der Kabeljau (als Jungfisch Dorsch genannt) hat sehr fettarmes, zartes, festes Fleisch mit leicht salzigem Geschmack. Als Alternative zum Kabeljau kann man Dorade (auch Goldbrasse genannt) einsetzen.

Gegrillte Lachssteaks

4 Lachssteaks à 125 g,
6 EL Teriyaki-Marinade,
Öl zum Bestreichen,
50 g Rettich,
1 kleines Stück frischer Ingwer

Lachssteaks mit Marinade bestreichen und zugedeckt im Kühlschrank marinieren lassen. Geriebenen Rettich mit Ingwerstreifen vermischen. Lachssteaks abtupfen, mit Öl bestrichen auf dem Grill von jeder Seite etwa 7 Minuten grillen. Zwischendurch hin und wieder mit Marinade bestreichen. Mit Rettich-Ingwer-Häufchen dekoriert zu Reis servieren.

Nudel-Lachs-Salat

250 g Nudeln (Spiralen), 1 Stange Porree, 1 unbehandelte Zitrone, 75 ml Weißwein, 1 Lorbeerblatt, 6 Pfefferkörner, 600 g Lachsfilet, 2 Tomaten, 1 Bund Dill, 3 EL Weißwein-Essig, weißer Pfeffer, jodiertes Salz, Zucker, 2 EL Öl

Nudeln im kochenden Salzwasser ca. 12 Minuten garen. Porreeringe 2 Minuten vor Ende der Garzeit dazugeben. Nudeln auf einem Sieb abtropfen lassen. 375 ml Salzwasser, Wein, Lorbeerblatt, Pfefferkörner und Zitronenscheiben zum Kochen bringen. Lachs in 16 breite Streifen

schneiden und im Fond bei schwacher Hitze 3 Minuten ziehen lassen. Tomaten entkernen und klein würfeln. Essig, Salz, Pfeffer und Zucker verrühren, Öl darunter schlagen. Tomaten und gehackten Dill unterheben. Nudeln in der Marinade ziehen lassen. Dann zusammen mit den Lachsstreifen servieren.

Dorsch auf Gyros-Art

600 g Dorschfilet (ersatzweise Seelachs), 1 kleine rote Paprika, ½ Gemüsezwiebel, 1 Knoblauchzehe, jodiertes Salz, schwarzer Pfeffer, Currypulver, etwas Zitronensaft, Gyros-Gewürzpulver, ca. 4 EL Sojaöl

Das Fischfilet abbrausen, trockentupfen und in dünne Streifen schneiden. Die Paprikaschote und die Zwiebel in dünne Ringe schneiden. Knoblauch durch eine Presse drücken. Die vorbereiteten Gemüse mit den Fischstreifen vorsichtig vermischen und mit Salz, Pfeffer, etwas Curry, Zitronensaft und Gyrosgewürz abschmecken. Öl dazugeben und das Fischgyros zugedeckt im Kühlschrank 3 bis 4 Stunden ziehen lassen. Etwas Öl in einer beschichteten Pfanne erhitzen und das Fischgyros darin portionsweise scharf anbraten. Dazu Erbsenreis und Salat nach Wahl.

Schlemmer-Fischspieße

250 g Rotbarschfilet,
8 ausgelöste Riesenscampi,
jodiertes Salz, weißer Pfeffer,
1 rote Paprika,
1 Zucchini, 1 Knoblauchzehe,
8 EL Öl, 1 EL Sojasauce,
Kräuter der Provence (TK)

Rotbarschfilets in mundgerechte Stücke schneiden, Scampi salzen und pfeffern. Paprika in mundgerechte Stücke und Zucchini in Scheiben schneiden. Alles abwechselnd auf Spieße stecken. Knoblauchzehe abziehen, zerdrücken, mit Öl, Sojasauce, Kräutern der Provence und Pfeffer verrühren und die Spieße

damit einpinseln. 7 bis 10 Minuten grillen oder in einer Pfanne braten, dabei mehrmals wenden und mit der Ölmischung bepinseln. Zu Folienkartoffeln und grünem Salat servieren.

Fischfilet mit Tomaten

4 Rotbarschfilets à 200 g,
4 EL Zitronensaft, Salz,
schwarzer Pfeffer,
100 g Schalotten, 400 g Tomaten,
1 große Knoblauchzehe,
4 EL Öl, Öl für die Form,
1 Bd. Petersilie, gehackt

Fischfilets mit Zitronensaft beträufeln, mit Salz und Pfeffer würzen, in Würfel schneiden. Die

Tomaten häuten, den Stängelansatz und die Kerne entfernen, das Fruchtfleisch würfeln. Eine flache, feuerfeste Form mit Öl ausstreichen. Die Schalottenwürfel in der Form verteilen. Tomatenwürfel mit zerdrücktem Knoblauch vermischen, leicht salzen und pfeffern. Tomatenmischung und Fischwürfel in die Form geben, mit 4 EL Öl beträufeln. Im vorgeheizten Ofen bei 200 °C etwa 35 Minuten garen. Fischfilets vor dem Servieren mit Petersilie bestreuen. Salz- oder Petersilienkartoffeln dazu.

Meeresfrüchte-Lasagne

700 g gemischtes Fischfilet (z. B. Kabeljau, Rotbarsch), 300 g Krabben, Saft einer Zitrone, 3 EL gemischte gehackte Kräuter (z. B. Petersilie, Basilikum, Schnittlauch), weißer Pfeffer, 300 g junger Lauch oder Frühlingszwiebeln, 3 Knoblauchzehen, 3 EL Olivenöl, 400 g Tomaten, Salz, 2 Pck. Bechamelsauce (500 ml), ca. 200 g Lasagne (ohne Vorkochen gebrauchsfertig), 80 g geriebener Parmesan

Fischfilet und Krabben kurz kalt abbrausen, trockentupfen. Fischfilet in etwa 2 cm große Stü-

THOMY

cke schneiden, mit Zitronensaft, Kräutern und Pfeffer marinieren. Lauchringe und fein gehackten Knoblauch in heißem Olivenöl 5 Minuten dünsten. Inzwischen die Tomaten mit kochendem Wasser überbrühen, häuten und achteln. Unter den Lauch mischen, mit Salz und Pfeffer abschmecken. Etwas Bechamelsauce in eine rechteckige, feuerfeste Form (2 l Inhalt) geben. Dann in mehreren Schichten abwechselnd Lasagne-Platten, Lauch-Tomaten-Gemüse, Fisch, Krabben und Parmesan einfüllen. Jede Schicht mit Salz und Pfeffer würzen und mit Bechamelsauce begießen. Die obere Schicht sollte aus Sauce und dem restlichen Parmesan bestehen. Im auf 200 °C vorgeheizten Ofen 30 Minuten mit Alufolie abgedeckt und 15 Minuten offen backen. Dazu passt ein frischer Salat.

Fischröllchen auf Gemüse-Kloß-Gratin

(2–3 Portionen)

400 g Schollenfilets (oder Seelachs), Zitronensaft, Salz, Zitronenpfeffer, 100 g Gemüsejulienne (z.B. Möhren, Sellerie, Lauch), 1 Pck. Mini-Knödel (400 g), 1 Bd. Frühlingszwiebeln, 1 Bd. Möhren, ¼ l Brühe

Für den Guss:
100 ml Milch (1,5 % Fett),
2 EL Maisgrieß, Salz, Pfeffer,
Muskat, 1 TL gemahlener Mohn,
40 g Reibekäse (15 % Fett),
1 Bd. Kerbel

Backofen auf 200 °C vorheizen. Schollenfilets trockentupfen, mit Zitronensaft beträufeln, mit Salz und Zitronenpfeffer würzen. Julienne in Brühe blanchieren, abtropfen lassen, die Brühe dabei auffangen. Julienne gut trockentupfen, auf den Filets verteilen, diese aufrollen und mit Holzspießchen fixieren.
Knödel in eine ca. 20 × 30 cm große Gratinform geben.

Zwiebelringe und dünne Möhrenscheiben kurz in Brühe blanchieren. Gemüse zwischen die Knödel geben und Röllchen auflegen. Für den Guss ca. 200 ml Brühe, Milch und Grieß verrühren, kurz aufkochen, mit Salz, Pfeffer, Muskat und Mohn verrühren und über das Gratin geben. Käse überstreuen und im Backofen ca. 20–30 Minuten garen. Kerbelblättchen abzupfen, über das Gratin streuen und servieren.

(Rezept zum Titelfoto)

Zypriotischer Fisch in Folie

4 Fischfilets (Seelachs, Rotbarsch) à 150 g, Zitronensaft, 1–2 TL Knoblauch-Pfeffer-Würzer, 1 Zucchini, 200 g Kirschtomaten, 2 Zwiebeln, 2 Knoblauchzehen, 200 g Fetawürfel, in Öl eingelegt, 1 kleines Glas frisch eingelegte Kapern, 50 g Speckwürfel, 8 Chillies ganz

Backofen auf 200 °C vorheizen. Fisch waschen, trockentupfen, mit Zitronensaft beträufeln und mit etwas Knoblauch-Pfeffer-Würzer bestreuen. Tomatenhälften, Zucchinischeiben, Zwiebelringe, zerdrückten Knoblauch, Fetawürfel, Kapern und Speck vermischen, mit Knoblauch-Pfeffer-Würzer bestreuen und auf vier ausreichend große Stücke Alufolie verteilen. Fisch darauf geben, je zwei Chillies auflegen, Alufolie verschließen und im Backofen bei 200 °C ca. 20–30 Minuten garen. Mit frischem Baguette servieren.

Der Fisch, den man
nicht fängt, ist immer groß.
(AUS CHINA)

Dorade al forno

(Rezept zum Foto S. 2)

600 g kleine Kartoffeln,
4 küchenfertige Doraden,
Zitronensaft,
2–3 EL italienische Kräuter,
2 EL Olivenöl,
200 g Kirschtomaten,
8 kleine Zwiebeln,
8 Knoblauchzehen,
Kräutersalz grob
Für den Dip:
200 g Joghurt,
1–2 TL Pesto
(z.B.Pestonovo Milano)

Backofen auf 200 °C vorheizen. Die Kartoffeln gründlich waschen und ca. 10 Minuten vorgaren. Doraden waschen, trockentupfen, mit Zitronensaft beträufeln. Italienische Kräutermischung mit Öl verrühren, die Doraden damit bestreichen und auf ein Backblech legen. Tomaten waschen, Zwiebeln und Knoblauch abziehen, Zwiebeln halbieren. Kartoffeln, Tomaten, Zwiebeln und Knoblauch um die Doraden verteilen und mit dem Kräutersalz aus der Gewürzmühle bestreuen. Doraden im Backofen ca. 20–30 Minuten garen. Für den Dip Joghurt und Pesto verrühren und zu den Doraden servieren.

Kabeljau „Mediterran"

800 g Kabeljaufilet,
2 EL Zitronensaft,
2–3 TL Knoblauchsalz,
2–3 TL Bratfisch-Würzer,
1 Glas grüne Oliven mit Paprika (140 g),
60 g eingelegte, getrocknete Tomaten

Filet mit Zitronensaft beträufeln, würzen und in vier Portionsstücke schneiden. Diese auf ausreichend große Stücke Alufolie setzen, mit Olivenhälften und Tomatenstücken belegen, die Folie gut verschließen und auf dem Grill ca. 15 Minuten garen. Dazu Baked Potatoes und ein Dip.

Seelachs mit Bandnudeln

3 Stangen Lauch,
2 EL Sonnenblumenöl,
200 g Sahne,
400 g Bandnudeln,
500 g Seelachsfilet,
weißer Pfeffer, 1 Bund Dill,
1 TL Butter, 3 EL Mehl,
Paprikapulver

Vom Lauch den dunkelgrünen Teil wegschneiden. Den restlichen Lauch längs halbieren, gründlich waschen, abtropfen lassen und in mundgerechte Stücke schneiden. In einer Pfanne im heißen Öl etwa 5 Minuten dünsten und mit Sahne ablöschen. Den Lauch darin 10

Minuten köcheln lassen. Nudeln in kochendem Salzwasser bissfest garen, abgießen und gut abtropfen lassen. Die Lachsfilets in wenig Mehl und Paprikapulver wenden und in einer beschichteten Pfanne in Butter anbraten. In Stücke teilen. Mit Pfeffer abschmecken. Die Nudeln und die Lauch-Sahne-Sauce dazugeben und mit fein gehacktem Dill servieren.

Jeder Fisch ist gut,
wenn er an der Angel hängt.
(AUS RUSSLAND)

Süßwasserfische: Aal, Zander & Co.

Die Natur hat uns mit einer Fülle von Köstlichkeiten aus Seen, Flüssen, Bächen und Teichen reich beschenkt. Dort tummeln sich zahlreiche heimische Fischarten, die, lecker zubereitet, wahre kulinarische Höhepunkte versprechen. Von Aal über Forellen, Hecht, Lachs, Karpfen, Renke, auch als Felchen bekannt, bis Zander reicht die Skala der begehrten und delikaten Fische, die zudem auch noch ernährungsphysiologisch besonders wertvoll sind.

Hobbyangler verschaffen sich viele dieser Köstlichkeiten selbst. Andere Fischfreunde sind auf den Handel angewiesen. Ganzjährig kommt beispielsweise der Spiegelkarpfen (Zuchtfisch mit wenig Schuppen) zum Verkauf, mit sehr aromatischem, magerem Fleisch. Ebenfalls aus Zuchtteichen stammen Forellen, aus deren weißen, fettarmen und würzigen Fleisch sich auch die Gräten leicht entfernen lassen. Als Alternative zur Forelle kann Zander oder Hecht verarbeitet werden. Das magere, feste Hechtfleisch besitzt viele Gräten, die einzeln entfernt werden müssen. Aber das kleine „Flusskrokodil" versöhnt mit ausgezeichnetem Geschmack. Das fettarme aromatische Zanderfleisch hat wenig Gräten.

Der Aal ist wie der Lachs ein Wanderfisch. Die Larven schlüpfen im Atlantischen Ozean aus den Eiern, treiben mit dem Golfstrom an die europäischen Küsten und steigen ca. im 4. Lebensjahr auf in die Flüsse. In unseren Gewässern weilt er bis zu 10 Jahre, dann kehrt er zurück an die Stätte seiner Geburt.

Leider sind heute rund 30 Prozent der weltweiten Fischbestände durch Überfischung bedroht. Bitte achten Sie deshalb beim Fisch-Einkauf auf die Gütesiegel ASC, MSC, Bio- oder Naturland.

Gebratene Forelle mit Gemüse-Kräuter-Füllung

4 kleine Forellen à 300 g,
2 Eier, 40 g Mehl, 50 g Semmelbrösel, 25 g Haselnussblättchen,
60 g Butterschmalz,
Salz, weißer Pfeffer
Für die Füllung:
100 g Möhren, 100 g Porree,
150 g Doppelrahmfrischkäse,
50 g Haselnussblättchen,
2 Bd. Dill, Salz, weißer Pfeffer

Möhren und Porree in feine Streifen schneiden. Frischkäse mit Haselnussblättchen, Gemüse, Salz, Pfeffer und dem gehackten Dill verrühren. Küchenfertige Forellen innen und außen mit Salz

und Pfeffer würzen. Mit der Käse-Kräuter-Mischung füllen. Die Eier verrühren und salzen. Semmelbrösel und Haselnussblättchen vermischen. Die Forellen nacheinander in Mehl, Ei und dem Semmelbröselgemisch wenden (Panade gut festdrücken) und im heißen Butterschmalz rundherum knusprig goldbraun braten. Nach Belieben mit Dillblüten garnieren und zu Petersilienkartoffeln servieren.

Kleine Fische machen große Hechte.

(VOLKSMUND)

Gegrillte Forelle
(für 8 Personen)

8 Forellen à 300 g, 2 Knoblauchzehen, 200 g Mandelblättchen, 250 g Butter, 24 dünne Scheiben Schinkenspeck,
Pfeffer, Salz

Forellen unter kaltem Wasser innen und außen gut abspülen, trockentupfen. Knoblauch sehr fein hacken. 150 g Mandelblättchen ohne Fett anrösten, mit 150 g weicher Butter, Knoblauch, Pfeffer und Salz verkneten. Übrige Butter zerlassen, mit restlichen Mandelblättchen mischen und bei milder Hitze 5 Minuten köcheln. Fischhaut mit einem

scharfen Messer zweimal leicht einritzen. Forellen mit Buttermischung füllen und von außen mit flüssiger Butter bestreichen. Jede Forelle mit 3 Schinkenscheiben umwickeln. Die Fische in Grillkörbe legen. Forellen von jeder Seite ca. 12 Minuten grillen und dabei hin und wieder mit Butter bestreichen.

Gerösteter Aal in Sahnesauce

2 küchenfertige Aale à 350 g, 40 g Butter, 30 g Mehl, ¼ l Gemüsebrühe, ¼ l Sahne, Pfeffer, Muskatnuss, 40 g Butterschmalz, ½ Salatgurke, ½ EL Zucker, 2 EL Weißweinessig, 200 g TK Erbsen, 1 Bd. Dill

Aal portionieren, salzen. Für die Sauce Butter zerlassen, 10 g Mehl einrühren und gründlich anschwitzen. Mit kalter Brühe und Sahne unter kräftigem Schlagen mit dem Schneebesen aufgießen und zugedeckt 10–12 Minuten köcheln. Ab und zu durchrühren. Mit Salz, Pfeffer und reichlich Muskat würzen.

Während die Sauce köchelt den Aal trockentupfen, mit 20 g Mehl bestäuben, abklopfen, in 25 g Butterschmalz knusprig braten. Die Gurke schälen, entkernen und fein würfeln, in 15 g heißem Butterschmalz glasig braten, mit Zucker bestreuen und leicht karamellisieren. Mit Essig ablöschen und verdampfen lassen. Erbsen und Gurke in die Sauce geben, gehackten Dill unterziehen. 20 g Butterflöckchen unterrühren. Aal mit Salzkartoffeln auf der Sauce anrichten. Dazu einen Kopfsalat und einen eisgekühlten Aquavit servieren.

Nordische Grünkohlsuppe mit Räucheraal

1 kg frischer Grünkohl (oder 600 g TK), 1 Zwiebel, 2 Kartoffeln, 2 El Öl, 1 kleiner Räucheraal (ca. 400 g), 1 l Geflügelbrühe, Pimentkörner, Pfeffer, 1/8 l Sahne, Salz

Grünkohlblätter von den Stielen streifen und hacken (TK-Kohl auftauen). In einem gut schließenden Topf das Öl erhitzen und darin Grünkohl, Zwiebel- und Kartoffelwürfel andünsten, im geschlossenen Topf 15 Minuten zusammenfallen lassen. Inzwischen den Aal häuten, Gräten entfernen, filetieren, Filets in Stücke schneiden und kalt stellen. Aalgräten mit der Geflügelbrühe in den Topf geben, mit Piment und Pfeffer würzen. Bei milder Hitze 1 Stunde kochen. Dann passieren, Sahne zufügen, mit Salz und Pfeffer abschmecken. In große Suppenteller austeilen und Aalfilets darüber geben.

Zander unter der Kartoffelkruste

4 Zanderfilets à ca. 120 g,
Salz, 2 TL Zitronensaft,
1 kg Reibekuchenteig Rheinische Art,
2 EL Pflanzenöl
Für die Sauce:
1 Glas Fischfond (400 ml),
50 g Mascarpone, 1 ½ TL Senf,
1 TL Sahne-Meerrettich,
2 cl Weißwein, Pfeffer, Zucker,
etwas gehackter Majoran

Zanderfilets mit Salz würzen, mit 1 TL Zitronensaft beträufeln. Zander mit dem Reibekuchenteig ummanteln und in erhitztem Öl ca. 10–15 Minuten goldbraun braten, evtl. aus dem restlichen Teig kleine Reibekuchen braten. Für die Sauce den Fischfond erhitzen, mit Senf, Mascarpone, Meerrettich und Weißwein verfeinern und alles etwas einkochen lassen. Sauce mit Salz, Pfeffer, etwas Zucker, restlichem Zitronensaft und Majoran abschmecken, evtl. mit hellem Saucenbinder andicken und zu den Zanderfilets servieren. Dazu schmeckt ein bunter Salat mit Kräutervinaigrette.

Zanderfilets in der Folie

4 Zanderfilets à 150 g (TK oder frisch), 300 g festkochende Kartoffeln,
2 Zucchini, je 4 Zweige Rosmarin und Thymian,
16 Kirschtomaten,
1 Knoblauchzehe, Salz, Pfeffer, Olivenöl, Zitronensaft

Geschälte Kartoffeln und die Zucchini in ca. 1 cm große Würfel schneiden. In einer beschichteten Pfanne 2 EL Olivenöl erhitzen und zuerst die Kartoffelwürfel und dann die Zucchini darin ca. 10 Minuten braten, bis sie fast gar sind. Salzen, pfeffern und beiseite stellen.

Gefrorenen Fisch auftauen, waschen und trockentupfen. Je ein Zanderfilet auf ein Stück mittig leicht geölte Alufolie legen, salzen und pfeffern, sehr fein gehackten Knoblauch, die Kartoffel- und Zucchiniwürfel darauf verteilen. Zuletzt die halbierten Kirschtomaten auf das Gemüse geben. Kräuter darauf geben und alles mit etwas Zitrone und Olivenöl beträufeln. Die Folie über dem Fisch gut verschließen. Im auf 180 °C vorgeheizten Ofen die Fischpäckchen auf einem Backblech ca. 15–20 Minuten garen.

Karpfen auf Müritzer Art

1 kleine Sellerieknolle,
1 große Möhre, 1 Lorbeerblatt,
5 Pimentkörner, Salz,
200 g Champignons oder
andere feste Pilze, ½ l Rotwein,
1 Karpfen (ca. 1,5 kg),
4 mittlere Zwiebeln,
ca. 80 g Butter,
40 g Mehl, 1 EL Weinbrand,
1 Prise Zucker

Gemüsestreifen mit den Gewürzen und Pilzscheiben in wenig Wasser etwa 10 Minuten dünsten. Wein zufügen, alles aufkochen, den in Portionsstücke geteilten Karpfen und die Zwiebelviertel zugeben und weitere 15 Minuten garen. Die Fischstücke vorsichtig herausheben. Aus Butter und Mehl eine helle Schwitze zubereiten, mit der durchgeseihten Fischbrühe auffüllen und durchkochen lassen. Soße vom Herd nehmen, mit Weinbrand, Salz und Zucker abschmecken, Karpfenstücke, Pilze und Gemüse einlegen und sofort zu Kartoffelmus und Blattsalat servieren.

Hecht am Spieß

1 Hecht (1–1,5 kg), 1 Zitrone, Salz, 40 g Speck, 80 g Butter, 1–2 EL gewiegte Petersilie

Den küchenfertigen Hecht innen und außen mit Zitronensaft beträufeln und mit Salz einreiben. Dann vorsichtig mit Speckstreifen spicken, die Hälfte der Butter mit Petersilie vermischen, in den Bauch des Fisches streichen und die Öffnung mit Küchengarn zunähen. Den Fisch auf den Drehspieß stecken und grillen. Dabei öfter mit zerlassener Butter beträufeln. Dazu schmeckt ein frischer Blattsalat und Buttertoast.

Bildnachweis

Titelfoto: Henglein, The Food Professionals Seite 2, 90/91, 95: Fuchs Gewürze, The Food Professionals; Seite 7, 69: MEV Verlag GmbH Augsburg; Seite 13, 109: Malteser Aquavit, Studio Teubner; Seite 19, 55: Thomas Diercks; Seite 27: Colourbox.de; Seite 29, 59: Deutsche See Großverbraucher-Service; Seite 38/39: ADAM; Seite 43: Ostmann-Gewürze, The Food Professionals; Seite 49: Surig Essig-Essenz, G. Fiedler PR; Seite 73, 79: Kikkoman, HLPhoto, Fotolia.com; Seite 75: Deutsches Teigwaren-institut; Seite 83: Thomy; Seite 85, 116/117: Henglein, The Food Professionals;
Seite 102/103, 106/107: CMA, Deutsche Butter;
Seite 113: Danish Distillers Berlin GmbH

Rezeptverzeichnis

FISCH
Kösener Spielzeug
VEGANE
PASTA
Gewürze
Sanddorn
Herbe Beeren